Armonía Matrimonial:

Narrativas y Estrategias para Resolver Conflictos y Fortalecer Tu Unión

Armonia
Matrimonial

Narrativa y Estrategias
para resolver conflictos y
Fortalecer tu unión

Carlos Castañeda Garcés

Agradecimiento

Quiero expresar mi más profundo agradecimiento a todos los que han hecho posible la creación de este libro sobre Armonía Matrimonial. Agradezco a todas las parejas que compartieron sus experiencias y sabiduría, a los expertos en relaciones que proporcionaron su conocimiento y orientación, y a todos los que me apoyaron en este viaje. Su contribución ha sido invaluable y este libro no habría sido posible sin ustedes, es una contribución más para el éxito de nuestras relaciones, GRACIAS por este sueño cumplido.

Dedicatoria

Este libro está dedicado a todas las parejas que buscan armonía en su matrimonio. A aquellos que están dispuestos a aprender, crecer y cambiar para mejorar su relación. A aquellos que aman profundamente y luchan valientemente. Que este libro sea una guía en su viaje hacia un matrimonio lleno de amor, respeto y felicidad. ¡Adelante, el viaje vale la pena! □

Página de Créditos

Título: Armonía Matrimonial: Narrativas y Estrategias para
Resolver Conflictos y Fortalecer Tu Unión
Autor: Carlos Castañeda Garcés
Diseño de Portada: Carlos Castañeda Garcés
Primera edición: 23 de abril del 2024

INDICE

CAPÍTULO I: Comprendiendo el matrimonio

CAPÍTULO 2: Matrimonios exitosos

CAPÍTULO 3: Identificando problemas comunes

CAPÍTULO 4: Herramientas de comunicación efectiva

CAPÍTULO 9: Actividades En Pareja

PREFACIO

¿Alguna vez te has preguntado cuál es el secreto para mantener un matrimonio lleno de amor, respeto y comprensión a lo largo de los años?

En nuestro vertiginoso mundo, donde las relaciones a menudo se ven empujadas al fondo de nuestra lista de prioridades, encontrar las respuestas a esa pregunta puede parecer una tarea imposible. Pero imagina por un momento que tienes a tu alcance un mapa que te guiará a través de los retos y alegrías del matrimonio, mostrándote no sólo cómo preservar tu relación, sino cómo hacerla florecer.

Mi libro "Armonía Matrimonial: Narrativas y Estrategias para Resolver Conflictos y Fortalecer Tu Unión" es precisamente eso un rayo de esperanza basado en historias reales y consejos de expertos, y una fuente de sabiduría práctica que ha allanado el camino para innumerables parejas como usted.

Leer este libro es como sentarse con un amigo sabio y reconfortante que entiende el matrimonio y ofrece consejos honestos y   sin prejuicios, la   búsqueda del amor y la comprensión.

Pero   más   allá   de   la   empatía,   este   libro le ofrece estrategias concretas y comprobadas que   han   ayudado a las parejas a comunicarse mejor, superar conflictos y renovar las relaciones emocionales e íntimas.

Cada capítulo está cuidadosamente elaborado para guiarte desde el momento presente hasta donde tú y tu pareja quieran estar.

Cariño, este libro es para ti. Porque la armonía conyugal no es una meta, sino   un camino continuo,   un   arte cultivado y   un deber renovado día a día.

Aceptar este libro es una decisión de invertir en la relación más importante de tu vida. Es un paso audaz hacia un futuro común lleno no sólo de seguridad, sino también de promesas de días llenos de alegría y comprensión.

No dejes que el ruido de la vida ahogue la melodía de tu amor. Únase a las filas de aquellos decididos a fortalecer su unión y descubra el   poder   transformador   de   un   matrimonio armonioso. Porque tu relación merece más que mediocridad; Merece ser extraordinario.

Según mi experiencia viví y vivo en un mar de emociones en el matrimonio, escuché y ayudé en
muchas experiencias, cada día que pasa es un día de aprendizaje y conocimiento de lo que podemos. ponerse al día en pareja.

Abre las puertas para cambiarte. Cambie la clave a "Armonía conyugal".

INTRODUCCIÓN

La armonía conyugal es extremadamente importante para el bienestar individual de la pareja, así como para el tejido social en general. Una relación armoniosa proporciona un espacio de refugio, comprensión y apoyo mutuo que fortalece a las personas frente a los desafíos de la vida.

La armonía en el matrimonio es esencial para la salud emocional y psicológica. Los estudios han demostrado que las relaciones estables y felices reducen el impacto del estrés, la ansiedad y la depresión. El vínculo y el apoyo emocional que surge de una relación armoniosa actúa como un amortiguador contra las presiones externas, permitiendo que ambos se sientan valorados, seguros y amados.

Además, mantener una buena relación no solo beneficia a la pareja, sino que también tiene un efecto positivo en las personas que los rodean, especialmente cuando se trata de niños.

La relación creada por los padres es un modelo para las relaciones futuras de sus hijos. Un matrimonio equilibrado y amoroso es un modelo para enseñar habilidades de comunicación, respeto y resolución de conflictos, todas cualidades importantes de la vida comunitaria.

Desde una perspectiva económica y social, las parejas que mantienen una relación sana administran mejor sus finanzas y contribuyen. un camino más estable hacia la economía. La armonía reduce el estrés de los problemas de dinero cuando ambos socios se convierten en un equipo que trabaja juntos por objetivos comunes.

En términos de salud, los cónyuges en relaciones armoniosas tienden a cuidar más de sí mismos y de la salud de los demás y se animan mutuamente a adoptar hábitos saludables, y si es necesario consultar a un médico. Esto significa una mejor calidad de vida y potencialmente una esperanza de vida más larga.

Un matrimonio armonioso contribuye a fortalecer las comunidades. Las parejas felices y estables tienen más probabilidades de participar en actividades comunitarias, ofrecer apoyo a los vecinos y asistir a eventos sociales, creando redes de apoyo que fortalecen el tejido social.

La armonía conyugal no es sólo un lujo deseable, sino una base necesaria. para una vida plena y saludable. Al invertir tiempo y esfuerzo en mantener un matrimonio saludable, las parejas no sólo mejoran su propia calidad de vida, sino que también promueven el bienestar y la estabilidad de la sociedad en su conjunto.

En este libro encontrará consejos prácticos para una comunicación eficaz. Sea eficaz con su pareja y resuelva los conflictos de forma constructiva. Aprenderás a identificar conductas nocivas y transformarlas en hábitos más saludables que fortalezcan tu unión. Además, se exploran estrategias que se pueden utilizar para promover el compromiso y la cercanía en una relación de pareja, lo que crea una mejor conexión emocional y una base sólida para afrontar juntos todos los desafíos posibles.

CAPÍTULO I

COMPRENDIENDO EL MATRIMONIO

Historia y evolución del matrimonio

Hace miles de años, el matrimonio era considerado simplemente como una unión entre dos personas para asegurar la supervivencia y la continuidad de la especie. Sin embargo, a lo largo de la historia, esta institución ha evolucionado y adquirido diferentes significados en diferentes culturas.

Permíteme contarte una historia sobre la historia y evolución del matrimonio:

Imagina un antiguo pueblo en el que una joven llamada Ana se encuentra en edad de casarse. Sus padres, siguiendo las tradiciones de su comunidad, deciden buscarle un esposo adecuado. Ana, sin embargo, no está convencida de que el matrimonio sea la única opción para su vida.

Un día, mientras camina por el bosque, Ana se encuentra con una anciana sabía que le cuenta la historia de cómo el matrimonio ha evolucionado a lo largo de los siglos. Le habla de cómo en la antigüedad, el matrimonio era principalmente un acuerdo económico y político entre familias, sin tener en cuenta los sentimientos de los involucrados. Pero a medida que las sociedades avanzaban, el amor y la compatibilidad emocional comenzaron a ser considerados factores importantes en la elección de una pareja.

La anciana también le habla de cómo, en tiempos más recientes, el matrimonio ha evolucionado aún más, permitiendo la igualdad de género y el reconocimiento de los derechos de las parejas del mismo sexo. Le explica cómo el matrimonio se ha convertido en una institución que celebra el amor, la compañía y la colaboración mutua, en lugar de ser simplemente una obligación social.

Inspirada por esta historia, Ana regresa a su pueblo con una nueva perspectiva sobre el matrimonio. Decide hablar con sus padres y expresarles sus inquietudes y deseos de explorar otras opciones para su vida. Juntos, llegan a un acuerdo en el que Ana tendrá la libertad de elegir su propio camino, ya sea casándose o siguiendo una carrera independiente.

Esta historia es una muestra cómo el matrimonio ha evolucionado a lo largo de los siglos, adaptándose a los cambios sociales y culturales. Nos invita a reflexionar sobre la importancia de la libertad de elección y la igualdad en las relaciones de pareja. El matrimonio ya no es solo una obligación, sino una oportunidad para encontrar amor, felicidad y crecimiento personal.

La historia y evolución del matrimonio nos enseña que esta institución ha pasado por transformaciones significativas a lo largo del tiempo. Nos recuerda que el matrimonio no debe ser impuesto, sino una elección basada en el amor y la voluntad mutua. Es un recordatorio de que todos merecemos la libertad de buscar la felicidad en nuestras propias vidas, ya sea a través del matrimonio o de otras formas de relación

.

Expectativas vs. Realidad de un Matrimonio

¿Alguna vez te has soñado con el matrimonio perfecto?

Imagina por un momento que estás a punto de embarcarte en la aventura más emocionante de tu vida: el matrimonio. Has soñado con este día, has imaginado cada detalle, cada momento. Pero, *¿qué pasa cuando la realidad no coincide con tus expectativas?*

El matrimonio es un viaje lleno de sorpresas, de altos y bajos, de alegrías y desafíos. No siempre es un cuento de hadas, pero eso no significa que no pueda ser una historia de amor increíble.

La clave está en entender que las expectativas y la realidad pueden no siempre coincidir, y eso está bien. Lo importante es aprender a navegar juntos a través de las olas, a apoyarse mutuamente en los momentos difíciles y a celebrar juntos los momentos felices.

Así que, si estás listo para embarcarte en esta aventura, te invito a explorar conmigo el fascinante mundo del matrimonio, donde las expectativas se encuentran con la realidad, y donde cada día es una oportunidad para crecer, aprender y amar aún más.

Aquí exploraremos las expectativas versus la realidad en un matrimonio, la intención de brindarte una perspectiva realista y constructiva.

En un matrimonio, muchas veces tenemos ciertas expectativas que pueden no corresponder con la realidad como te relato en el siguiente texto:

➢ **Expectativa:** Siempre estarán de acuerdo en todo. **Realidad:** En el matrimonio, es normal tener diferencias de opinión y desacuerdos. Aprender a comunicarse y resolver conflictos de manera saludable es fundamental.

➢ **Expectativa**: La pasión y el romance serán constantes. **Realidad**: A lo largo del tiempo, la pasión puede fluctuar. Es importante cultivar la intimidad emocional y física, y recordar que el amor también se nutre de la conexión emocional y la complicidad.

➢ **Expectativa:** Cambiar al Otro, algunos pueden pensar que pueden cambiar ciertos hábitos o comportamientos de su pareja después del matrimonio. **Realidad:** Las personas rara vez cambian debido a la presión de los demás. Es más saludable y realista aceptar a tu pareja tal como es, y trabajar juntos en el crecimiento personal.

➢ **Expectativa:** Tiempo Juntos Constante, algunas parejas pueden esperar pasar todo su tiempo libre juntas. **Realidad**: Aunque pasar tiempo de calidad juntos es importante, también lo es tener tiempo para uno mismo. Mantener intereses y actividades individuales puede enriquecer la relación.

➢ **Expectativa:** El matrimonio llenará todas las necesidades emocionales. **Realidad:** Si bien el matrimonio puede brindar apoyo emocional, es importante tener expectativas realistas. Cada individuo tiene sus propias necesidades y es importante cultivar una vida personal satisfactoria fuera de la relación.

Lo que te puedo decir es que cada matrimonio es único y lo que funciona para una pareja puede no funcionar para otra. Lo más importante es mantener la comunicación abierta, ser honestos el uno con el otro y trabajar juntos para construir el matrimonio que ambos desean.

Comunicación como cimiento de la relación

La comunicación es el cimiento sólido sobre el cual se construye una relación matrimonial saludable y feliz. A través de una comunicación abierta, honesta y respetuosa, las parejas pueden fortalecer su conexión emocional, resolver conflictos de manera constructiva y cultivar una intimidad profunda. Por lo tanto, es esencial dedicar tiempo y esfuerzo a desarrollar habilidades de comunicación efectiva en el matrimonio, ya que esto sentará las bases para una relación sólida y satisfactoria a largo plazo.

Además, la comunicación en el matrimonio es esencial para resolver conflictos y desafíos de manera constructiva. Cuando surgen diferencias de opinión o desacuerdos, la habilidad de comunicarse de manera asertiva y respetuosa permite que las parejas encuentren soluciones mutuamente satisfactorias. La comunicación abierta y honesta también ayuda a prevenir la acumulación de resentimientos y malentendidos, ya que se abordan los problemas de manera oportuna y se busca un entendimiento común.

La comunicación en el matrimonio no se limita a las palabras. Los gestos, las acciones e incluso el silencio pueden comunicar mensajes poderosos. *Un abrazo, un beso, un acto de servicio, pueden decir "te amo" tan claramente como las palabras.*

Es importante destacar que la comunicación en el matrimonio no se trata solo de hablar, sino también de escuchar activamente. La escucha atenta y empática es esencial para comprender plenamente a nuestra pareja y responder de manera adecuada. Al mostrar interés genuino en lo que nuestra pareja tiene que decir, creamos un ambiente de respeto y apertura que fomenta una comunicación más efectiva y satisfactoria.

Te voy a contar una historia corta que te puede ayudar:

Una pareja, Ana y Carlos, que se amaban profundamente. Sin embargo, a medida que pasaba el tiempo, comenzaron a tener desacuerdos y malentendidos. A pesar de su amor, parecía que siempre estaban en desacuerdo.

Un día, después de una discusión particularmente intensa, Ana decidió que necesitaban ayuda. Buscaron a un consejero matrimonial, quien les explicó la importancia de la comunicación en su relación.

El consejero les dio una tarea: cada noche, después de cenar, debían sentarse juntos y compartir algo sobre su día. Podía ser algo tan simple como un incidente en el trabajo o un pensamiento que tuvieran. La única regla era que el otro tenía que escuchar sin interrumpir.

Al principio, fue un desafío, estaban acostumbrados a interrumpirse y a saltar a conclusiones. Pero con el tiempo, aprendieron a escuchar. Aprendieron a entender los sentimientos y perspectivas del otro. Aprendieron a comunicarse de manera efectiva.

Y algo maravilloso sucedió, sus discusiones se volvieron menos frecuentes. Comenzaron a entenderse mejor, la tensión en su relación disminuyó, se dieron cuenta de que, a pesar de sus diferencias, podían trabajar juntos para resolver sus problemas.

Esta pequeña práctica transformó su matrimonio. Les enseñó que la comunicación no es solo hablar, sino también escuchar, les mostró que, a través de la comunicación, podían fortalecer su relación y superar cualquier desafío.

Así que, al igual que Ana y Carlos, nunca subestimes el poder de la comunicación en tu matrimonio. Puede ser el cimiento que sostiene tu relación y la clave para un matrimonio feliz y saludable.

Te voy a mandar una tarea que espero que lo pongan en práctica:

➢ **Escucha Activa:** Presta toda tu atención a tu pareja cuando está hablando, sin interrupciones. Trata de entender sus sentimientos y perspectivas antes de responder. La escucha activa muestra respeto y empatía hacia tu pareja.

➢ **Expresión honesta de sentimientos:** Es importante ser abierto y honesto acerca de tus sentimientos. Si algo te molesta, exprésalo de manera respetuosa y clara. Evita guardar resentimientos, ya que pueden acumularse y causar conflictos mayores en el futuro.

➢ **Tiempo de calidad juntos:** Dedica tiempo regularmente para tener conversaciones profundas y significativas con tu pareja, puede ser durante una cena tranquila, un paseo al atardecer, o simplemente antes de dormir. Este tiempo de calidad juntos puede fortalecer su vínculo y mejorar su comunicación, no necesitas inversión o salidas costosas, una simple película dos veces a la semana es suficiente.

➢ **Contacto físico:** solo un abrazo, un beso un gesto de afecto diario influenciara en tu relación.

Luego me contaran como les van.

CAPÍTULO 2

MATRIMONIOS EXITOSOS

Historias reales de parejas que superaron desafíos

Los matrimonios exitosos se construyen sobre los cimientos de la comunicación abierta, el respeto mutuo y el amor incondicional. No están exentos de desafíos, pero las parejas en estos matrimonios ven los obstáculos como oportunidades para crecer juntos y fortalecer su vínculo.

En un matrimonio exitoso, cada pareja valora y celebra la individualidad del otro, fomentando un ambiente de apoyo y crecimiento personal, a través de la paciencia, la empatía y el compromiso, estas parejas construyen una relación que es a la vez gratificante y duradera.

Te voy a contar tres historias interesantes de como las parejas superaron sus problemas obviamente usare nombres ficticios de estas anécdotas reales, estas historias son muy comunes en las parejas, si se sienten identificados les invito a analizar su relación, recuerden que no todo es como las películas, siempre aprendemos algo nuevo uno del otro, lo importante es la superación.

Historia 1.

Laura y Daniel, que se amaban profundamente. Sin embargo, tenían personalidades muy diferentes. Laura era extrovertida y espontánea, mientras que Daniel era introvertido y meticuloso. Sus diferencias, que inicialmente los atraían el uno al otro, comenzaron a causar conflictos.

Las discusiones se volvieron una constante en su relación. Desde decisiones triviales como qué película ver en Netflix, hasta temas más serios como la educación de sus hijos, parecía que siempre estaban en desacuerdo. Las peleas se volvieron tan frecuentes que comenzaron a cuestionar su relación.

Estas peleas constantes comenzaron a afectar su felicidad y su conexión emocional. Ambos se sentían frustrados y heridos por las palabras hirientes que se decían durante las discusiones. Parecía que estaban atrapados en un ciclo interminable de conflicto y resentimiento.

Un día, después de una discusión particularmente intensa, Laura sugirió que buscaran ayuda. Decidieron acudir a un terapeuta de parejas, quien les ayudó a entender que sus conflictos no eran el problema, sino cómo los manejaban.

El terapeuta les enseñó varias técnicas de comunicación efectiva. Les mostró cómo expresar sus opiniones de manera respetuosa, cómo escuchar activamente al otro, y cómo encontrar soluciones de compromiso. También les ayudó a entender que sus diferencias no eran algo negativo, sino que podían enriquecer su relación si aprendían a apreciarlas.

Laura y Daniel comenzaron a aplicar lo que habían aprendido en sus sesiones de terapia. Aprendieron a escucharse el uno al otro, a respetar las opiniones del otro, y a buscar soluciones que satisficieran a ambos. Las peleas se volvieron menos frecuentes y cuando surgían, eran capaces de manejarlas de manera constructiva.

Con el tiempo, Laura y Daniel lograron superar sus conflictos. Aprendieron que el amor no es solo un sentimiento, sino también una decisión. Una decisión de respetar al otro, de trabajar juntos a pesar de las diferencias, y de construir una relación basada en el amor, el respeto y la comunicación efectiva.

Historia 2.

María y José, que se amaban profundamente. Sin embargo, había un problema que causaba tensiones en su relación: José parecía poner a su madre antes que a María.

Cada vez que tenían que tomar una decisión importante, José siempre consultaba primero a su madre. Aunque María entendía el vínculo especial entre José y su madre, no podía evitar sentirse herida y menospreciada.

Un día, después de una discusión particularmente intensa sobre este tema, María decidió que necesitaban hablar seriamente. Le explicó a José cómo se sentía, asegurándose de expresar sus emociones sin culparlo.

José, por su parte, se sorprendió al darse cuenta de cómo sus acciones estaban afectando a María. Aunque amaba a su madre, no quería que su relación con ella dañara su matrimonio.

Buscaron diferentes medios para autoayuda personal incluyendo consejero matrimonial, entendiendo sus emociones encontrando una solución. Aprendieron a establecer límites claros trabajando juntos en las decisiones importantes como pareja.

Con el tiempo, José aprendió a equilibrar su relación con su madre y su esposa. Aprendió a valorar y respetar las opiniones de María y a incluirla en las decisiones importantes. María, por su parte, aprendió a expresar sus sentimientos de manera abierta y honesta, sin temor a ser ignorada.

Historia 3.

Sofía y Luis, que se encontraban atrapados en la monotonía de la vida diaria. Ambos trabajaban largas horas y, al final del día, se encontraban agotados. Tenían dos hijos pequeños, cuyas necesidades parecían consumir todo su tiempo y energía restantes. La chispa que una vez había caracterizado su relación parecía haberse desvanecido.

Las noches de citas se habían convertido en noches de trabajo o de cuidado de los niños. Las conversaciones profundas y significativas se habían convertido en discusiones sobre quién haría la compra o llevaría a los niños al colegio. Se sentían como compañeros de habitación más que como una pareja casada.

Después de otra noche de silencio incómodo, Sofía decidió que algo tenía que cambiar, habló con Luis sobre cómo se sentía. Expresó su deseo de recuperar la chispa en su relación y de no dejar que el estrés de la vida cotidiana los consumiera.

Luis, aunque al principio se mostró reacio, reconoció que también echaba de menos la conexión que solían tener. Decidieron que era hora de hacer algunos cambios.

Comenzaron por programar noches de citas regulares, aunque al principio fue difícil encontrar el tiempo, se comprometieron a hacerlo una prioridad. También comenzaron a delegar algunas de sus responsabilidades, tanto en el trabajo como en casa, para aliviar el estrés.

Con el tiempo, Sofía y Luis comenzaron a notar cambios. Las risas volvieron a llenar su hogar, las conversaciones profundas y significativas volvieron a ser una parte regular de su relación. Aunque todavía tenían días estresantes y desafíos que enfrentar, se sentían más conectados y comprometidos el uno con el otro.

Si nos ponemos a analizar las historias todas tienen una constante que es la comunicación, el cual nos basamos en conversaciones donde expresamos incomodados, les aconsejaría un consejero matrimonial, pero si no tienen mucha confianza de ventilar sus problemas a personas extrañas dialoguen entre ustedes dos en un momento oportuno sin distracción ni interrupción el cual genera más conflictos.

Les indico que en ocasiones una de los miembros del matrimonio se va a mostrar reacio y va a estar a la defensiva, es por eso que les digo:

1.- Midamos nuestras palabras al comunicar nuestras emociones y disgustos ya que no sabemos cómo la otra persona lo tome.

2.- Seamos directos al problema los que nos incomoda, nos disgusta, los que sentimos ya que como indique la otra parte no está dispuesta a escuchar horas sobre horas sobre el mismo conflicto volviendo una comunicación afectiva en monótona y cansosa, generando una pelea más.

3.- Aprendamos a escuchar y ponernos en la posición de la otra persona para poder entender sus sentimientos y así llegar a la posible resolución de problemas.

4.- Si vemos que la conversación inicial no lleva a nada es mejor tomar un respiro y continuar más tarde, pero no seamos repetitivos en el tema, recuerden que lo importante es solucionar un problema, no agravarlo, ni juzgar a la otra parte, asegúrate de hacerlo de una manera que no sea acusatoria, sino que exprese cómo te sientes.

Cabe recalcar que es importante establecer límites claros en tu relación, esto puede implicar decidir cuándo es apropiado involucrar a terceros en tus decisiones y cuándo no esto no significa ser toxico como comúnmente escuchamos de manera constante por dejarnos influenciar por personas ajenas a nuestra relación que no les importa si están bien o mal.

CAPÍTULO 3

IDENTIFICANDO PROBLEMAS COMUNES

Fuentes típicas de conflicto en el matrimonio

Como ya lo sabrás no todo es color rosa, pero lo importante es saber sobrellevar nuestros problemas y es más fácil si lo haces con la persona que más amas, te voy a detallar algunos conflictos más comunes en nuestra relación:

o **Comunicación:** Las diferencias en estilos de comunicación o la falta de comunicación efectiva pueden llevar a malentendidos y conflictos.

o **Finanzas:** Las discrepancias en los hábitos de gasto, las decisiones financieras y el manejo del dinero pueden ser una fuente común de conflicto.

o **Tareas Domésticas**: La distribución desigual de las tareas domésticas puede generar resentimiento y tensión.

- **Crianza de los Hijos:** Las diferencias en los estilos de crianza o las decisiones relacionadas con los hijos pueden causar conflictos.

- **Tiempo y atención**: El equilibrio entre el tiempo dedicado al trabajo, a la familia y al tiempo personal puede ser una fuente de conflicto.

- **Relaciones con la familia extendida**: Los problemas con los suegros, los parientes o los amigos pueden generar tensiones.

- **Sexo**: Las diferencias en el deseo sexual o las expectativas pueden llevar a conflictos en la relación.

- **Expectativas:** Las expectativas no cumplidas sobre el matrimonio, la pareja o las responsabilidades pueden causar conflictos.

Es importante recordar que los conflictos en un matrimonio son normales y pueden ser una oportunidad para el crecimiento y la comprensión mutua. Lo más importante es cómo se manejan estos conflictos.

¿Cómo identificar las señales tempranas de problemas?

Identificar las señales tempranas de problemas en un matrimonio es crucial. Al igual que una pequeña chispa puede desatar un incendio, un pequeño problema puede crecer hasta convertirse en un obstáculo insuperable si se ignora. Al reconocer y abordar estos problemas desde el principio, puedes evitar que se conviertan en conflictos mayores que podrían amenazar la estabilidad de tu relación. No permitas que los problemas sin resolver oscurezcan la felicidad de tu matrimonio, aquí te presento algunas señales a las que debes prestar atención:

o **Comunicación Defensiva:** Si notas que tus conversaciones con tu pareja suelen tomar un tono negativo o defensivo, y cada diálogo se convierte en una discusión, esto puede ser una señal de alarma. El tono de tus palabras puede decir mucho acerca del tono general de tu matrimonio.

o **Mínimas muestras de amor**: La dificultad para mostrar afecto y la falta de amor y respeto pueden indicar problemas.

o **Pequeños detalles son amplificados:** Si hasta las cosas más pequeñas comienzan a agobiar y a generar discusiones, lo más normal es que busques ayuda externa para solucionar el conflicto.

Puede ser que estés intentando transmitir algo que tu pareja no está recibiendo y es ahí donde la ayuda de un experto resulta vital.

o **Infidelidad:** Los cambios sutiles en el comportamiento de la pareja pueden ser una señal de infidelidad.

o **Falta de Comunicación:** Si las conversaciones positivas se han sustituido por un mutismo hostil, es una señal clara de problemas en la relación. Estas señales tempranas son importantes para identificar y abordar los problemas antes de que se agraven.

Estas señales son solo indicadores y no determinan con certeza que tu matrimonio esté en problemas. Sin embargo, si notas alguna de estas señales. El matrimonio es un viaje, y al igual que cualquier viaje, puede haber baches en el camino. Pero con amor, comunicación y compromiso, puedes superar cualquier obstáculo que se presente.

Cómo los pequeños problemas pueden escalar

Abordar los pequeños problemas en un matrimonio no tiene por qué ser una fuente de conflicto. De hecho, puede ser una oportunidad para fortalecer tu relación. Aquí te presento algunos consejos para hacerlo:

- La comunicación es clave. Habla abierta y honestamente sobre tus preocupaciones con tu pareja. Pero recuerda, no se trata de lanzar acusaciones, sino de expresar tus sentimientos de una manera que invite al diálogo. Dile a tu pareja cómo te sientes y por qué te sientes así. Hazlo con amor y respeto, y estarás creando un espacio seguro para que ambos compartan sus pensamientos y emociones.

- Practica la empatía. Miremos los puntos desde la visión de la pareja. Esto puede ayudarte a entender por qué actúan de la manera que lo hacen y te permitirá abordar los problemas de una manera más comprensiva y efectiva. Recuerda, tu pareja también puede estar lidiando con sus propios problemas y preocupaciones.

- Busquen soluciones juntos. En lugar de dejar que los problemas se interpongan en tu relación, úsalos como una oportunidad para crecer juntos. Busca soluciones que sean beneficiosas para ambos, esto no solo resolverá el problema en cuestión, sino que también te acercará más a tu pareja.

A veces, los problemas pueden ser demasiado grandes para manejarlos por tu cuenta, un consejero matrimonial o un terapeuta pueden proporcionar las herramientas y la orientación necesarias para superar estos desafíos.

Cada problema nos brinda una enseñanza para crecer. No dejes que los pequeños problemas se conviertan en grandes obstáculos en tu matrimonio. Aborda los problemas con amor, respeto y comprensión, y verás cómo tu matrimonio se fortalece con cada desafío superado.

CAPÍTULO 4

HERRAMIENTAS DE COMUNICACIÓN EFECTIVA

Técnicas para mejorar la escucha activa

La escucha activa es una habilidad esencial en cualquier relación, especialmente en un matrimonio. Te voy a dejar unas técnicas prácticas para mejorar la escucha activa así podrás practicarlas en pareja:

o Presta toda tu atención a tu pareja. Cuando tu pareja esté hablando, evita las distracciones, apaga el televisor, deja tu teléfono a un lado y enfócate completamente en lo que tu pareja está diciendo.

Tarea: Prueba tener una conversación de 15 minutos cada día donde solo uno hable y el otro escuche activamente.

o Muestra que estás escuchando. Asiente con la cabeza, mantén el contacto visual y utiliza expresiones faciales y verbales para mostrar que estás prestando atención.

Tarea: Durante las conversaciones, haz un esfuerzo consciente para mostrar con tu lenguaje corporal que estás escuchando.

o Proporciona retroalimentación. Parafrasea lo que tu pareja ha dicho para asegurarte de que lo has entendido correctamente. Haz preguntas para aclarar cualquier punto que no esté claro.

Tarea: Después de que tu pareja comparta algo contigo, repite en tus propias palabras lo que entendiste y pide confirmación.

o No interrumpas. Evita la tentación de interrumpir o completar sus frases.

Tarea: Practica la paciencia y espera tu turno para hablar.

o Responde de manera apropiada. Di lo que sientes de manera respetuosa. Asegúrate de que tu respuesta sea relevante para lo que tu pareja ha compartido.

Tarea: Practica responder de manera que demuestre que valoras y respetas las opiniones de tu pareja.

La escucha activa es una habilidad que se puede aprender y mejorar con la práctica. Al mejorar tu capacidad para escuchar activamente, puedes fortalecer tu relación y construir un matrimonio más fuerte y saludable.

Hablar sin herir: cómo expresar sentimientos y necesidades

Expresar tus sentimientos y necesidades de manera efectiva y respetuosa es esencial para mantener una relación saludable. Vamos a detallar unos métodos para hablar sin herir los sentimientos de tu pareja:

o Utiliza declaraciones en primera persona. En lugar de decir "Tú siempre…", prueba con "Me siento… cuando…". Esto ayuda a evitar que tu pareja se sienta atacada y abre el camino para una comunicación más efectiva.
Tarea: Prueba expresar tus sentimientos y necesidades usando declaraciones en primera persona durante una semana.

o Sé específico y claro. En lugar de hacer declaraciones vagas, sé claro sobre lo que sientes y necesitas. Esto ayuda a evitar malentendidos y permite que tu pareja comprenda mejor tus necesidades.

Tarea: Practica ser específico y claro al expresar tus sentimientos y necesidades.

o Elige el momento adecuado. Intenta hablar de tus sentimientos y necesidades en un momento en que ambos estén tranquilos y dispuestos a escuchar. Evita iniciar estas conversaciones cuando uno de los dos está cansado, estresado o distraído.

Tarea: Observa y elige el momento adecuado para hablar de tus sentimientos y necesidades.

o Muestra empatía. Intenta entender el punto de vista de tu pareja y muestra comprensión hacia sus sentimientos. Esto puede ayudar a suavizar la conversación y a hacer que tu pareja se sienta valorada y respetada.

Tarea: Practica la empatía al escuchar los sentimientos y necesidades de tu pareja.

o Sé amable. Expresa tus sentimientos y necesidades con amor y respeto. Recuerda que tu objetivo no es ganar una discusión, sino entender y ser entendido.

Tarea: Practica la amabilidad al expresar tus sentimientos y necesidades.

La comunicación efectiva es una habilidad que se puede aprender y mejorar con la práctica. Al expresar tus sentimientos y necesidades de manera efectiva y respetuosa, puedes fortalecer tu relación y construir un matrimonio más fuerte y saludable.

Recordemos que no toda pareja se le hace fácil escuchar lo que tiene que decir la otra persona, puede ser el hombre o puede ser la mujer, a veces nuestra pareja se resiste a escuchar y esto puede ser muy frustrante, pero te voy a dar unos tics que te ayudaran a saber sobrellevar este inconveniente:

➤ Primero, sé paciente y comprensivo. Puede que tu pareja necesite tiempo para procesar lo que estás diciendo. Intenta no presionar y dales el espacio que necesitan para reflexionar sobre tus palabras.

➤ Segundo, expresa tus sentimientos de manera sin confrontaciones. En lugar de decir "Tú nunca escuchas", prueba con "Me siento ignorado cuando intento expresar mis necesidades". Así evitamos que la pareja se ponga a la defensiva.

➢ Tercero, busca el momento adecuado. Intenta hablar de tus necesidades en un momento en que ambos estén tranquilos y dispuestos a escuchar. Evita iniciar estas conversaciones cuando uno de los dos está cansado, estresado o distraído.

➢ Cuarto, pide feedback. Pregunta a tu pareja cómo se siente acerca de lo que has dicho. Esto puede ayudarte a entender su resistencia y a encontrar una manera de superarla juntos.

La comunicación efectiva es una habilidad que se puede aprender y mejorar con la práctica.

CAPÍTULO 5

ENFRENTANDO DESAFÍOS MAYORES

Lidiar con los problemas financieros, la infidelidad, o cambios bruscos de vida

Lidiar con problemas financieros, la infidelidad y cambios bruscos de vida puede ser un desafío enorme, vamos a abordar unas estrategias profesionales que nos ayudaran a solucionar nuestros problemas dentro del matrimonio:

➢ **Problemas Financieros:** Primero, es importante abordar los problemas financieros de frente.
  - Menciona lo que te preocupa de la parte financiera.
  - Crea un presupuesto juntos y establece metas financieras a corto y largo plazo.

Recuerda, el dinero es solo una herramienta; no dejes que se convierta en una fuente de conflicto en tu relación.

Tarea: Prueba tener una conversación abierta sobre finanzas y establecer un presupuesto juntos.

➤ **Infidelidad:** Enfrentar una infidelidad puede ser increíblemente doloroso. Es importante recordar que lleva tiempo curarnos el corazón.

- Busca apoyo en amigos, familiares o un consejero profesional.
- Trabaja en la reconstrucción de la confianza en tu relación, pero solo si ambos están dispuestos y comprometidos a hacerlo.

Tarea: Si ambos están dispuestos, intenta buscar ayuda profesional para navegar a través de este desafío.

➤ **Cambios Bruscos de Vida**: Los cambios bruscos de vida, como la pérdida de un trabajo o el nacimiento de un hijo, pueden causar estrés en cualquier matrimonio. Durante estos tiempos, es crucial mantenerse unidos y apoyarse mutuamente. Comunica tus miedos y preocupaciones a tu pareja y busca soluciones juntos.

Tarea: Durante un cambio de vida, asegúrate de hacer tiempo para hablar y apoyarse mutuamente.

Cada desafío es una oportunidad para crecer y fortalecer tu matrimonio, al enfrentar estos problemas juntos, puedes construir un matrimonio más fuerte y saludable.

Te voy a contar otra historia basada en hechos reales de como una pareja supera la infidelidad que son unos de los factores más conflictivos dentro de un matrimonio.

Elena y Juan, que parecían tenerlo todo. Tenían una hermosa casa, dos hijos maravillosos y una vida llena de amor y risas. Pero un día, la vida perfecta de Elena y Juan se vio sacudida cuando Elena descubrió que Juan había tenido una aventura.

Elena se sintió traicionada y herida. Juan, por su parte, se sintió culpable y arrepentido. Ambos se encontraban en un punto de inflexión en su matrimonio, sin saber si podrían superar esta traición, Elena pensaba en la separación.

Después de muchas lágrimas y conversaciones difíciles, decidieron que querían intentar salvar su matrimonio. Buscaron la ayuda de un consejero matrimonial, quien les proporcionó las herramientas y la orientación necesarias para navegar a través de este desafío.

Juan se comprometió a ser completamente honesto con Elena y a trabajar para reconstruir la confianza en su relación. Elena, por su parte, se comprometió a perdonar a Juan y a trabajar en la curación de su propio dolor.

Fue un camino difícil y lleno de baches, pero con el tiempo, Elena y Juan lograron superar la infidelidad. Aprendieron a comunicarse de manera más efectiva, a entender y respetar los sentimientos del otro, y a valorar su matrimonio más que nunca.

Esta historia demuestra que, aunque la infidelidad puede causar un gran dolor y daño en un matrimonio, no tiene por qué ser el fin. Con amor, respeto, comunicación efectiva y la ayuda de un profesional, es posible superar la infidelidad y fortalecer la relación. No esta demás de decir que todos somos diferentes incluyendo las parejas y los resultados no son iguales. Es fundamental que ambas partes estén dispuestas y comprometidas a hacer el trabajo necesario para superar la infidelidad

¿Qué hago si siento que no puedo perdonar a mi pareja por su traición?

Pues bien, sentir que no puedes perdonar a tu pareja por su traición es completamente normal y comprensible, vamos a poner en práctica lo siguiente:

❖ Date permiso para sentirte herido. La traición es dolorosa y es importante que te permitas sentir ese dolor. No te apresures a "superarlo" o a "dejarlo pasar". Tus sentimientos son válidos y merecen ser reconocidos.

❖ Busca apoyo. Habla con amigos de confianza o familiares sobre lo que estás pasando. Considera buscar la ayuda de un consejero o terapeuta. Pueden proporcionarte las herramientas y la orientación necesarias para navegar a través de este desafío.

❖ Establece límites claros. Si decides continuar en la relación, es importante que establezcas límites claros con tu pareja. Esto puede incluir cosas como la transparencia total en sus comunicaciones o la asistencia a terapia de pareja.

❖ Cuida de ti mismo. Asegúrate de cuidar de tu salud física y mental durante este tiempo. Come bien, haz ejercicio regularmente y toma tiempo para hacer cosas que disfrutes.

Está bien si no puedes perdonar a tu pareja. Algunas traiciones son demasiado grandes para superarlas y está bien si decides que no puedes continuar con la relación. Lo más importante ERES TU.

Te digo que no estás solo y hay ayuda disponible. No dudes en buscar el apoyo que necesitas durante este tiempo difícil.

Cómo reconstruir la intimidad emocional en un matrimonio.

Reconstruir la intimidad emocional en un matrimonio es un proceso que requiere tiempo, paciencia y esfuerzo mutuo. Vamos a revisar unas claves de ayuda:

- La comunicación es clave. Habla abierta y honestamente con tu pareja sobre tus sentimientos y necesidades. No guardes tus emociones para ti mismo. Compartir tus pensamientos y sentimientos puede ayudar a fortalecer el vínculo emocional con tu pareja.

- Pasa tiempo de calidad juntos. Dedica tiempo cada día para conectarte con tu pareja. Esto podría ser tan simple como cenar juntos sin distracciones, o podría implicar actividades compartidas que ambos disfruten. El tiempo de calidad juntos puede ayudar a reconstruir la intimidad emocional.

- Muestra aprecio. Expresa tu gratitud por tu pareja regularmente. Hazles saber cuánto aprecias las pequeñas cosas que hacen por ti. El aprecio mutuo puede ayudar a fortalecer el vínculo emocional en tu matrimonio.

- Practica la empatía. Esto puede ayudarte a entender mejor sus sentimientos y a responder de una manera más amorosa y comprensiva.

La intimidad emocional es una parte crucial de cualquier matrimonio, al trabajar para reconstruir la intimidad emocional, puedes ayudar a fortalecer tu matrimonio y a construir una relación más fuerte y saludable. ¡Tú y tu pareja merecen un matrimonio lleno de amor y conexión emocional!

CAPÍTULO 6

LOS PILARES FUNDAMENTALES EN UN MATRIMONIO

El papel de la empatía y el perdón

La empatía y el perdón son dos elementos vitales en un matrimonio exitoso. Al practicar la empatía, podemos entender mejor a nuestra pareja y responder a sus necesidades de una manera más amorosa y comprensiva. Al elegir perdonar, podemos liberarnos del resentimiento y abrir la puerta a la curación y la renovación. Juntos, la empatía y el perdón pueden ayudarnos a construir un matrimonio más fuerte y saludable.

¿Has pensado alguna vez en la importancia de la empatía y el perdón en un matrimonio?

Sí, de hecho, creo que la empatía y el perdón son esenciales en cualquier matrimonio exitoso.

La empatía viene hacer la capacidad de entender y compartir los sentimientos de otra persona. En un matrimonio, nos permite ver el mundo a través de los ojos del otro, lo que puede ayudar a fomentar una mayor comprensión y aceptación. En cambio, el perdón es la decisión de dejar ir el resentimiento y los pensamientos de venganza hacia una persona que nos ha hecho daño. En un matrimonio, el perdón puede ser un poderoso catalizador para la curación y el crecimiento.

La empatía y el perdón se relacionan de manera intrínseca, la empatía nos permite entender el dolor que nuestra pareja puede estar sintiendo, lo que a su vez puede facilitar el proceso de perdón. Del mismo modo, el acto de perdonar a nuestra pareja puede requerir un grado de empatía, ya que implica ver más allá de nuestras propias heridas para reconocer el arrepentimiento y el deseo de cambio de nuestra pareja.

La empatía y el perdón realmente pueden ayudar a construir un matrimonio más fuerte y saludable. Vamos a trabajar para fomentar la empatía y el perdón, podemos ayudar a fortalecer nuestro matrimonio y a construir una relación más fuerte y saludable. ¡Todos merecemos un matrimonio lleno de amor, comprensión y perdón!

Negociación y compromiso

¿Has pensado alguna vez en la importancia de la negociación y el compromiso en un matrimonio?

La negociación en un matrimonio es un proceso en el que ambas partes discuten y tratan de llegar a un acuerdo mutuamente beneficioso. Cada uno tiene algo que el otro necesita o desea, y viceversa. Esto puede ser desde decidir quién hace qué tareas domésticas hasta cómo manejar las finanzas.

¿Y qué pasa con el compromiso?

El compromiso en un matrimonio es cuando ambas partes están dispuestas a hacer concesiones para llegar a un acuerdo. No significa que estés perdiendo; más bien, significa que estás dispuesto a hacer sacrificios por el bien de la relación.

La negociación y el compromiso en un matrimonio están íntimamente vinculados. Una buena negociación a menudo implica un grado de compromiso. Al estar dispuesto a comprometerse, puedes abrir la puerta a soluciones que satisfacen a ambas partes.

La negociación y el compromiso siendo pilares fundamentales en cualquier relación exitosa, especialmente en un matrimonio. Ambos requieren una comunicación abierta, honesta y respetuosa. Al practicar la negociación y el compromiso, puedes fortalecer tu matrimonio, fomentar una mayor comprensión y construir una relación más fuerte y saludable. Recuerda, un matrimonio exitoso no se trata solo de encontrar a la persona "perfecta", sino de trabajar juntos para superar los desafíos y crecer juntos.

CAPÍTULO 7

CRECIMIENTO PERSONAL Y CONJUNTO

Desarrollo individual en el marco del matrimonio

El desarrollo individual es un tema un poco polémico, ya que la mayoría de las parejas creen que el desarrollo debe de realizarse en forma mutua cuando no siempre es así, aunque el matrimonio es una unión de dos personas, es importante recordar que cada individuo tiene sus propias metas, sueños y aspiraciones que deben ser respetadas y fomentadas.

Es esencial entender que cada persona en un matrimonio tiene su propio camino de crecimiento y desarrollo. Esto puede incluir metas profesionales, intereses personales, o incluso el deseo de aprender y experimentar cosas nuevas. Es importante que cada persona tenga el espacio y el apoyo para perseguir estas metas y crecer como individuo.

El desarrollo individual puede enriquecer el matrimonio. Cuando cada persona se siente realizada y satisfecha en su propio crecimiento, puede aportar más a la relación. Puede compartir nuevas ideas, experiencias y perspectivas que pueden fortalecer el vínculo matrimonial.

El desarrollo individual puede ayudar a prevenir la dependencia emocional. Cuando cada persona tiene una fuerte sensación de identidad y propósito fuera de la relación, es menos probable que se vuelva emocionalmente dependiente de su pareja. Esto puede conducir a un matrimonio más saludable y equilibrado.

Es importante recordar que el desarrollo individual y el matrimonio no son mutuamente excluyentes. De hecho, pueden complementarse y enriquecerse mutuamente. Al apoyar el desarrollo individual de cada uno, puedes construir un matrimonio más fuerte y saludable.

Un matrimonio exitoso no se trata solo de dos personas que crecen juntas, sino también de dos individuos que crecen como personas. Al fomentar tu propio desarrollo individual y el de tu pareja, puedes ayudar a fortalecer tu matrimonio y a construir una relación más fuerte y saludable.

Metas comunes y apoyo mutuo

Las metas comunes en un matrimonio proporcionan un sentido de dirección y propósito. Ya sea comprar una casa, planificar un viaje, criar a los hijos o simplemente mejorar la relación día a día, tener metas comunes puede unir a una pareja y darles algo por lo que trabajar juntos.

El apoyo mutuo, por otro lado, es el pilar que sostiene estas metas comunes. Es el reconocimiento de que, sin importar los desafíos que se presenten, ambos están en el mismo equipo. El apoyo mutuo implica estar allí para tu pareja, tanto en los buenos como en los malos momentos, y ofrecer amor, comprensión y aliento cuando más lo necesitan.

La intersección de las metas comunes y el apoyo mutuo es donde se encuentra la verdadera fortaleza de un matrimonio. Cuando una pareja tiene metas comunes hacia las cuales trabajar y se apoyan mutuamente en el proceso, pueden superar casi cualquier obstáculo que se les presente.

Es importante recordar que las metas comunes y el apoyo mutuo deben ser flexibles y evolucionar con el tiempo. A medida que creces y cambias, tus metas y la forma en que te apoyas mutuamente también deben cambiar y adaptarse.

Como consejo te voy a decir intenta establecer una "cita de metas" con tu pareja. Durante esta cita, hablen sobre sus metas individuales y comunes, y cómo pueden apoyarse mutuamente para alcanzarlas. Este simple acto puede ayudar a fortalecer su vínculo y a asegurar un futuro juntos lleno de amor y apoyo mutuo, es importante que lo registren en un cuaderno de metas personal o en pareja.

¿Cómo podemos mantenernos enfocados en nuestras metas comunes a lo largo del tiempo?

Mantenerse enfocados en las metas comunes a lo largo del tiempo puede ser un desafío, vamos a realizar los siguiente:

Primero, establece metas claras y específicas. Las metas bien definidas proporcionan un camino claro a seguir y facilitan la medición del progreso. Asegúrate de que ambas partes estén de acuerdo con las metas y entiendan lo que se necesita para alcanzarlas.

Segundo, haz un seguimiento regular de tus metas. Revisa tus metas regularmente para ver cómo estás progresando. Esto puede ayudarte a mantenerte motivado y a hacer los ajustes necesarios si no estás avanzando como esperabas.

Tercero, celebra tus logros. Esto puede ayudarte a mantener la motivación y a recordarte por qué estás trabajando hacia estas metas.

Cuarto, apóyense mutuamente. El apoyo mutuo es crucial para mantenerse enfocado en las metas comunes. Anímense mutuamente, ofrezcan palabras de aliento y estén allí el uno para el otro durante los desafíos.

Por último, sé flexible. Es posible que tus metas cambien a lo largo del tiempo, y eso está bien. Estar dispuesto a adaptarte y ajustar tus metas puede ayudarte a mantener el enfoque a largo plazo.

¿Qué hago si siento que mi pareja no está comprometida con nuestras metas comunes?

Si sientes que tu pareja no está comprometida con vuestras metas comunes, pon en práctica esto:

- Comunica tus preocupaciones. Expresa tus preocupaciones de una manera sin confrontaciones, utilizando declaraciones en primera persona como "Me siento…" en lugar de "Tú siempre…".

- Busca entender la perspectiva de tu pareja. Puede que haya razones válidas por las que tu pareja parece no estar comprometida con las metas comunes. Intenta entender su punto de vista antes de sacar conclusiones.

- Revisa las metas. Es posible que las metas que establecisteis juntos ya no sean relevantes o realistas para uno o ambos. En este caso, podría ser útil revisar y ajustar estas metas.

Equilibrio entre las necesidades individuales y las metas comunes

Encontrar un equilibrio entre las necesidades individuales y las metas comunes en un matrimonio puede ser un desafío, pero es esencial para mantener una relación saludable y satisfactoria.

- Comunicación es clave. Habla abierta y honestamente con tu pareja sobre tus necesidades Individuales y metas comunes. Asegúrate de que ambas partes entiendan y respeten las necesidades y metas del otro.

o Establece prioridades. No todas las necesidades y metas son igualmente importantes. Algunas pueden requerir más atención y recursos que otras. Trabajen juntos para identificar cuáles son las más importantes y concéntrense en ellas.

o Busca compromisos. Es probable que no todas tus necesidades individuales y metas comunes sean compatibles. En estos casos, busca formas de comprometerte que satisfagan tanto tus necesidades individuales como las metas comunes.

o Apóyense mutuamente. El apoyo mutuo es crucial para equilibrar las necesidades individuales y las metas comunes. Anímense mutuamente, ofrezcan palabras de aliento y estén allí el uno para el otro durante los desafíos.

El rol del autoconocimiento en el matrimonio saludable

El autoconocimiento juega un papel crucial en un matrimonio saludable., conocer tus propias emociones, fortalezas, debilidades, valores y motivaciones puede ayudarte a entender mejor tus propias necesidades y cómo interactúas con tu pareja.

Cuando comprendes tus propias emociones y reacciones, puedes comunicarte de manera más efectiva con tu pareja. Puedes expresar tus sentimientos y necesidades de manera clara y constructiva, lo que puede ayudar a prevenir malentendidos y conflictos, al entender tus propias fortalezas y debilidades, puedes trabajar para mejorar tus habilidades de relación y convertirte en un socio más comprensivo y empático.

Al conocer tus propios valores y aspiraciones, puedes trabajar para alcanzar tus metas personales mientras construyes una vida compartida con tu pareja, cuando comprendes tus propias reacciones y comportamientos, puedes manejar los conflictos y los desafíos de manera más efectiva.

Intenta dedicar un tiempo cada semana para la reflexión personal. Esto podría ser a través de la meditación, la escritura en un diario, o simplemente pasar un tiempo a solas en la naturaleza. Utiliza este tiempo para reflexionar sobre tus emociones, tus reacciones, y tus metas. Este simple acto de autoconocimiento puede tener un impacto profundo en tu matrimonio.

CAPÍTULO 8

CONSTRUYENDO UN LEGADO JUNTOS

Familia, hijos y la extensión de la armonía matrimonial

El matrimonio es más que la unión de dos personas; es la creación de un legado que puede influir en la familia, los hijos y extender la armonía matrimonial más allá de la pareja.

Es importante entender que el matrimonio es una sociedad de por vida, cada decisión que tomes, cada acción que realices, tiene el potencial de afectar a tu pareja y a tu familia. Por lo tanto, es crucial que ambas partes estén comprometidas con la creación de un legado positivo.

La influencia en la familia y los hijos es quizás la forma más directa en que un matrimonio puede construir un legado. Los hijos aprenden observando a sus padres. Ven cómo te tratas el uno al otro, cómo manejas los conflictos, cómo muestras amor y respeto. Estos comportamientos pueden influir en cómo tus hijos se comportarán en sus propias relaciones en el futuro.

La armonía matrimonial puede extenderse más allá de la pareja y la familia inmediata. Un matrimonio fuerte y saludable puede ser un faro de esperanza y un ejemplo para otros. Puede mostrar a amigos, vecinos y a la comunidad en general lo que significa amar y respetar a otra persona.

Un matrimonio exitoso no se trata solo de dos personas que crecen juntas, sino también de dos individuos que crecen como personas y como miembros de una comunidad más amplia. Al fomentar la armonía matrimonial y la influencia positiva en la familia y los hijos, puedes ayudar a construir un legado que perdure mucho después de que te hayas ido.

Establece metas comunes con tu pareja que no solo beneficien a tu matrimonio, sino también a tu familia y a tu comunidad. Estas metas pueden ser tan simples como cenar juntos como familia varias veces a la semana, o tan grandes como iniciar un proyecto comunitario juntos. Al trabajar juntos para alcanzar estas metas, puedes fortalecer tu matrimonio y construir un legado positivo.

Si sientes que estás perdiendo la armonía en tu matrimonio y que esto está afectando negativamente a tu familia, es recomendable sentarse y analizar la situación en la que se está viviendo, verificar que está saliendo mal e influenciado a la familiar, de esta manera se llegara a una resolución, si el conflicto sale de las manos es bueno y no está de más buscar un consejero.

El impacto del ejemplo en las futuras generaciones

Cada acción y comportamiento en un matrimonio puede tener un impacto duradero en las futuras generaciones. Al esforzarse por construir un matrimonio saludable y amoroso, se puede influir positivamente en las futuras generaciones, te voy a ser especifico en cómo influye nuestro matrimonio en las nuevas generaciones que desde ya serian nuestros hijos:

Modelo de relaciones saludables: Los niños aprenden sobre las relaciones observando a los adultos en sus vidas. Un matrimonio lleno de amor, respeto y comunicación efectiva puede enseñarles a valorar estas cualidades en sus propias relaciones.

Influencia en las actitudes y expectativas: El ejemplo de un matrimonio puede influir en cómo las futuras generaciones ven el matrimonio y las relaciones. Un matrimonio que muestra compromiso y perseverancia puede enseñar la importancia de estos valores en una relación. Si ven que te comprometes a trabajar en tu matrimonio, incluso durante los tiempos difíciles, pueden aprender la importancia de la perseverancia y el compromiso en una relación.

Transmisión de valores y tradiciones familiares: A través del ejemplo de un matrimonio, se pueden transmitir valores importantes y tradiciones familiares a las futuras generaciones. Además, pueden aprender sobre la importancia de la familia, la lealtad, la honestidad, y otros valores a través del ejemplo de tu matrimonio.

Impacto en la salud emocional: Un matrimonio estable y amoroso puede proporcionar un ambiente seguro y de apoyo que puede ayudar a los niños a crecer emocionalmente saludables.

La importancia de los valores y creencias compartidas

Los valores y creencias compartidos son fundamentales en cualquier relación, especialmente en un matrimonio, ya que proporcionan una base común que fortalece el vínculo entre las personas, facilitan la comunicación y la comprensión mutua, ayudan a navegar por los desafíos y los cambios de la vida, e influyen en las decisiones y acciones de las personas. Al fomentar y celebrar estos valores y creencias compartidos, puedes construir una relación más fuerte y saludable.

Poner en práctica los valores y creencias compartidas en tu familia es un proceso continuo que requiere compromiso y dedicación. Como te harás dado cuente te voy a dejar unos pequeños consejos prácticos que sé que te van a ayudar:

➤ Identifica tus valores y creencias. Lo primero que debes hacer es tener una clara comprensión de cuáles son los valores y creencias que quieres inculcar en tu familia. Estos pueden ser la honestidad, el respeto, la bondad, la fe, la responsabilidad, entre otros.

➤ Comunica tus valores y creencias. Una vez que hayas identificado tus valores y creencias, es importante que los comuniques a todos los miembros de tu familia. Puedes hacerlo a través de conversaciones diarias, reuniones familiares o incluso a través de actividades lúdicas.

➤ Predica con el ejemplo. Los niños aprenden más de lo que ven que de lo que escuchan. Por lo tanto, es crucial que demuestres estos valores y creencias en tu comportamiento diario.

➢ Crea una cultura familiar alrededor de tus valores y creencias. Esto podría implicar la creación de rituales familiares, tradiciones o incluso reglas que reflejen estos valores y creencias.

➢ Reconoce y refuerza los comportamientos positivos. Cuando veas a un miembro de tu familia practicando estos valores y creencias, reconócelo y refuérzalo. Esto podría ser a través de elogios, recompensas o simplemente un agradecimiento.

➢ Sé paciente y persistente. Cambiar comportamientos y hábitos lleva tiempo. Los cambios no se dan de la noche a la mañana. Sé paciente y persistente.

Tú, tu matrimonio, y tu familia es única y lo que funciona para una puede no funcionar para otra. Lo más importante es encontrar la ARMONIA, o está a más de decir que si existe conflicto por interés el camino del dialogo y negociación siempre te van a ayudar.

CAPÍTULO 9

ACTIVIDADES EN PAREJA

Invitación a la acción y al cambio positivo

Wao, ya estamos en la recta final del libro, espero que te lo hayas disfruta y puesto en práctica los consejos, te digo que el matrimonio es una hermosa unión que requiere esfuerzo, compromiso y amor constante. Sin embargo, como cualquier relación, puede enfrentar desafíos y conflictos. Aquí es donde la acción y el cambio positivo pueden marcar una gran diferencia, te voy a comentar varias razones más directas de porque debemos realizar un cambio positivo:

o Crecimiento personal y como pareja. El cambio es una parte natural de la vida y del crecimiento personal. Al invitar al cambio en nuestro matrimonio, estamos abriendo la puerta a nuevas experiencias, aprendizajes y oportunidades para crecer tanto individualmente como en pareja.

o Fortalecimiento de la relación. La acción y el cambio positivo pueden ayudar a fortalecer la relación al mejorar la comunicación, aumentar la comprensión mutua y profundizar el vínculo emocional.

o Resolución de conflictos. Invitar a la acción y al cambio puede ser especialmente útil para resolver conflictos y superar desafíos en la relación. Al estar dispuestos a cambiar y tomar medidas positivas, podemos encontrar soluciones efectivas a los problemas y mejorar nuestra relación.

o Felicidad y satisfacción. Finalmente, la acción y el cambio positivo pueden conducir a una mayor felicidad y satisfacción en el matrimonio. Al trabajar activamente para mejorar nuestra relación, podemos aumentar nuestra felicidad y satisfacción general.

Cada pequeño paso cuenta. Incluso las acciones más pequeñas pueden tener un gran impacto en tu matrimonio. *¿Pero qué te parece si realizamos unas actividades sencillas?*, solo realiza estas tres actividades:

Actividad 1: Diálogo Diario

El diálogo es una herramienta poderosa para fortalecer la conexión en un matrimonio. Dedica un tiempo cada día para hablar con tu pareja sobre tus sentimientos, pensamientos y experiencias. Este no tiene que ser un debate profundo, simplemente un momento para compartir y escuchar.

Cómo hacerlo: Escoge un momento del día que funcione para ambos, puede ser durante el desayuno, después de cenar o antes de dormir. Durante este tiempo, cada uno puede compartir algo que le haya sucedido durante el día, cómo se siente al respecto y por qué. Recuerda, el objetivo es escuchar y entender, no juzgar o resolver problemas.

Actividad 2: Agradecimiento Mutuo

El agradecimiento puede tener un impacto significativo en cómo nos sentimos acerca de nuestra relación. Al expresar gratitud, no solo reconocemos las acciones positivas de nuestra pareja, sino que también fomentamos más de ese comportamiento.

Cómo hacerlo: Cada día, encuentra algo por lo que estés agradecido de tu pareja. Puede ser algo grande o pequeño, desde lavar los platos hasta brindarte apoyo emocional. Díselo a tu pareja de manera sincera y específica, por ejemplo, "Aprecio mucho que hayas lavado los platos hoy, me hizo sentir apoyado y valorado".

Actividad 3: Actividades Conjuntas

Realizar actividades juntos puede ayudar a fortalecer el vínculo en un matrimonio. No solo proporciona tiempo de calidad, sino que también crea recuerdos compartidos.

Cómo hacerlo: Escoge una actividad que ambos disfruten. Puede ser algo sencillo como dar un paseo, cocinar juntos o ver una película. Pasar un momento maravilloso es muy importante

Estas actividades son solo el comienzo. El cambio positivo en un matrimonio requiere tiempo, paciencia y esfuerzo constante. Y ¿cuéntame como te va con estos cambios?

Ejercicios y actividades para parejas

¡SAL DE LA RUTINA...!! Realizar actividades en pareja es esencial para mantener una relación saludable y fuerte. Estas actividades no solo fortalecen la conexión emocional, sino que también mejoran la comunicación, rompen la rutina, fomentan el entendimiento mutuo y promueven la diversión y la alegría.

Te voy dejar un sinnúmero de ejercicios y actividades que puedes realizar con tu pareja para fortalecer su relación, crea un álbum y por cada actividad toma fotos que te harán recordar estas lindas experiencias, empecemos:

1. *Cocinar juntos.* Preparar una comida juntos puede ser una excelente manera de pasar tiempo de calidad y trabajar en equipo.
2. *Caminatas al aire libre.* Las caminatas pueden ser una gran oportunidad para conversar y disfrutar de la naturaleza juntos.
3. *Noche de juegos.* Jugar juegos de mesa puede ser divertido y estimulante. Pueden turnarse para elegir el juego.
4. *Clases de baile.* Aprender a bailar juntos puede ser una actividad emocionante y romántica.
5. *Yoga en pareja.* El yoga en pareja puede ayudar a mejorar la comunicación, la confianza y la intimidad.
6. *Noche de películas en casa.* Elijan una película que ambos quieran ver y preparen palomitas de maíz.
7. *Escribir cartas de amor.* Expresar tus sentimientos a través de una carta puede ser muy romántico, nunca pasará de moda.
8. *Viaje por carretera.* Planificar un viaje por carretera puede ser una aventura emocionante.

9. *Cena a la luz de las velas.* Preparar una cena romántica en casa puede ser una gran sorpresa.

10. *Sesión de fotos.* Tomar fotos juntos puede ser divertido y les dejará recuerdos duraderos.

11. *Tarde de manualidades.* Hacer manualidades juntos puede ser una forma creativa de pasar el tiempo.

12. *Leer un libro juntos.* Elijan un libro que ambos quieran leer y discutan sobre él.

13. *Noche de música.* Escuchen su música favorita o incluso intenten hacer su propia música.

14. *Picnic en el parque.* Un picnic puede ser una forma relajante de disfrutar de una comida juntos al aire libre.

15. *Plantar un jardín.* Trabajar juntos en un jardín puede ser terapéutico y gratificante.

16. *Paseo en bicicleta.* Un paseo en bicicleta puede ser una actividad saludable y divertida.

17. *Visitar un museo.* Un día en el museo puede ser educativo e interesante.

18. *Noche de estrellas.* Observar las estrellas puede ser una actividad romántica y tranquila.

19. *Visitar una feria o un carnaval.* Disfruten de los juegos, las atracciones y la comida juntos.

20. *Hacer un rompecabezas junto.* Esto puede ser un desafío divertido y una gran manera de trabajar en equipo.

21. *Ir a un concierto.* Si ambos disfrutan de la música, un concierto puede ser una experiencia emocionante.

22.   *Hacer ejercicio juntos.* Ya sea correr, ir al gimnasio o hacer una clase de fitness, hacer ejercicio juntos puede ser motivador.

23.   *Noche de karaoke en casa.* Cantar tus canciones favoritas juntos puede ser muy divertido.

24.   *Visitar un zoológico o un acuario.* Esta puede ser una actividad interesante y educativa.

25.   *Hacer una lista de deseos.* Compartan sus sueños y metas y hagan una lista de deseos juntos.

26.   *Ir a un taller o conferencia.* Aprender algo nuevo juntos puede ser enriquecedor.

27.   *Hacer una barbacoa en el patio.* Cocinar y comer al aire libre puede ser relajante y agradable.

28.   *Ir a un spa o sauna.* Esto puede ser una forma maravillosa de relajarse y pasar tiempo juntos.

29.   *Hacer una noche de degustación de vinos.* Prueben diferentes vinos y aprendan sobre ellos.

30.   *Ir a un evento deportivo.* Si ambos disfrutan del deporte, esto puede ser una actividad emocionante.

31.   *Hacer una noche de pintura.* Pinten cuadros juntos, incluso si no son artistas.

32.   *Ir a un parque de atracciones.* Disfruten de las emociones de las montañas rusas y otros paseos.

33.   *Hacer una noche de poesía.* Lean poesía juntos o incluso intenten escribir sus propios poemas.

34.   *Ir a un picnic en la playa.* Disfruten de la arena, el sol y el mar mientras comen juntos.

Lo más importante es que disfruten del tiempo juntos, independientemente de la actividad que elijan. Estas actividades están diseñadas para ayudarles a conectarse a un nivel más profundo y a fortalecer su relación. ¡Besos y MUUUUUCHAS BENDICIONES...!!

REFLEXION

Las relaciones entre parejas pasan de ser una simple unión para la supervivencia hasta convertirse en una celebración del amor y la colaboración mutua, el matrimonio ha demostrado ser una entidad dinámica y resiliente, a lo largo de los siglos, nos adaptamos a los cambios sociales y culturales. Esta evolución nos recuerda que el matrimonio no debe ser impuesto, sino una elección basada en el amor y la voluntad mutua

En la primera historia que les puse, la historia de Ana ilustra la importancia de la libertad de elección y la igualdad en las relaciones de pareja. Nos recuerda que el matrimonio no debe ser impuesto, sino una elección basada en el amor y la voluntad mutua. Todos merecemos la libertad de buscar la felicidad en nuestras propias vidas, ya sea a través del matrimonio o de otras formas de relación.

Sin embargo, nos encontramos con expectativas versus la realidad en un matrimonio, es crucial entender que pueden no siempre coincidir, la realidad en el matrimonio es que nos invita a aceptar que el matrimonio puede no siempre ser un cuento de hadas, pero eso no significa que no pueda ser una historia de amor increíble. El matrimonio es un viaje lleno de sorpresas, altos y bajos, alegrías y desafíos. Aprender a navegar juntos a través de las olas, apoyarse mutuamente en los momentos difíciles y celebrar juntos los momentos felices es la clave para un matrimonio exitoso.

Cabe recalcar que los desafíos en el matrimonio son inevitables, pero cómo los enfrentamos puede determinar la fortaleza y la salud de la relación, los problemas financieros, la infidelidad y los cambios bruscos de vida pueden ser difíciles, pero también pueden ser oportunidades para el crecimiento y el fortalecimiento del matrimonio. Al abordar estos problemas de frente, comunicándose abierta y honestamente, y apoyándose mutuamente, las parejas pueden superar estos desafíos y construir un matrimonio más fuerte y saludable. Es importante recordar que cada desafío es una oportunidad para crecer y que, al enfrentar estos problemas juntos, podemos construir un matrimonio más fuerte y saludable.

¿Como enfrentamos los problemas? mediante la comunicación y la predisposición como parejas. He enfatizado en el libro la necesidad de una comunicación abierta, honesta y respetuosa para fortalecer la conexión emocional, resolver conflictos y cultivar una intimidad profunda. La comunicación no se limita a las palabras, sino que también incluye gestos, acciones y silencio. Además, subrayo la importancia de la escucha activa y empática a través de diferentes historias, por lo tanto, nunca debemos subestimar el poder de la comunicación en nuestro matrimonio.

Ánimos chicos no desmayen que el camino es largo y hermoso y más aun con la persona que amamos y luchamos hasta el fin.

INVITACIÓN A LA ACCIÓN Y AL CAMBIO POSITIVO EN LA ARMONÍA DEL MATRIMONIO

Estimados amigos y amigas,

Hoy, nos encontramos aquí para hablar de un tema que es fundamental en nuestras vidas, el matrimonio. El matrimonio no es solo una unión de dos personas, sino también una unión de dos almas que deciden caminar juntas en el viaje de la vida.

Sin embargo, como en cualquier viaje, pueden surgir desafíos y obstáculos. Es en estos momentos cuando debemos recordar que la armonía en el matrimonio no es un estado estático, sino un proceso dinámico que requiere esfuerzo, compromiso y, sobre todo, cambio positivo.

Invitamos a cada uno de ustedes a tomar acción. No esperen a que los problemas se vuelvan insuperables antes de buscar soluciones. En lugar de eso, sean proactivos. Comuníquense abierta y honestamente con su pareja. Expresen sus sentimientos, sus miedos, sus esperanzas y sus sueños. Recuerden, el cambio positivo comienza con una conversación.

Además, invitamos a todos a adoptar una actitud de cambio positivo. Esto significa estar dispuestos a adaptarse y crecer juntos como pareja. Significa aprender de los errores y utilizarlos como oportunidades para fortalecer su relación. Significa trabajar juntos para construir un matrimonio que no solo sobreviva, sino que prospere.

La armonía en el matrimonio es posible, pero requiere acción y cambio positivo. Así que hoy, los invitamos a todos a tomar ese primer paso. A abrir sus corazones y sus mentes al cambio. A trabajar juntos para construir matrimonios más fuertes, más saludables y más armoniosos.

Porque al final del día, el matrimonio no es solo sobre encontrar a la persona correcta. Se trata de ser la persona correcta.

Con cariño,

CARLOS CASTAÑEDA

RELATA TU EXPERIENCIA

____

____

____

____

____

____

____

____

____

____

____

____

Correo electrónico: castcarlos708@gmail.com

AÑADE TUS FOTOS

AÑADE TUS FOTOS

AÑADE TUS FOTOS